VENTE
Du 23 Mars 1907
HOTEL DROUOT, SALLE N° 11

ESTAMPES

DES ÉCOLES ANGLAISE ET FRANÇAISE

DU XVIII° SIÈCLE

COMMISSAIRE-PRISEUR

M° PAUL CHEVALLIER
10, rue Grange-Batelière. 10

EXPERT

M. A. DANLOS
MARCHAND D'ESTAMPES
15, quai Voltaire, 15

ESTAMPES

DES ÉCOLES ANGLAISE ET FRANÇAISE

DU XVIIIᵉ SIÈCLE

IMPRIMÉES EN NOIR ET EN COULEURS

CONDITIONS DE VENTE

Elle sera faite au comptant.

Les Acquéreurs payeront 10 p. 100 en sus des prix d'adjudication.

M. Danlos se réserve la faculté de rassembler ou de diviser les lots.

La Collection sera exposée, 15, quai Voltaire, du jeudi 14 au jeudi 21 mars inclusivement. le dimanche excepté.

Les Estampes encadrées sont en bon état, sauf indications contraires.

CATALOGUE

DE

BELLES ESTAMPES

DES

ÉCOLES ANGLAISE ET FRANCAISE

DU XVIIIe SIÈCLE

IMPRIMÉES EN NOIR ET EN COULEURS

Par et d'après

ALIX, BAUDOUIN, BOILLY, BONNET
DEBUCOURT, DESCOURTIS, HOPNER, HUET, ISABEY
JANINET, SIR TH. LAWRENCE
LAWREINCE, MORLAND, REYNOLDS, SAINT-AUBIN
SERGENT, SMITH, WARD, WHEATLEY, ETC.

DONT LA VENTE AURA LIEU

Hôtel des Commissaires-Priseurs, rue Drouot, n° 9

SALLE N° 11

Le Samedi 23 Mars 1907

A 2 HEURES TRÈS PRÉCISES

COMMISSAIRE-PRISEUR	EXPERT
Me PAUL CHEVALLIER	M. A. DANLOS
	MARCHAND D'ESTAMPES
10, rue Grange-Batelière, 10	15, quai Voltaire, 15

EXPOSITION PUBLIQUE

Le Vendredi   Mars 1907, de 2 h. à 5 h.

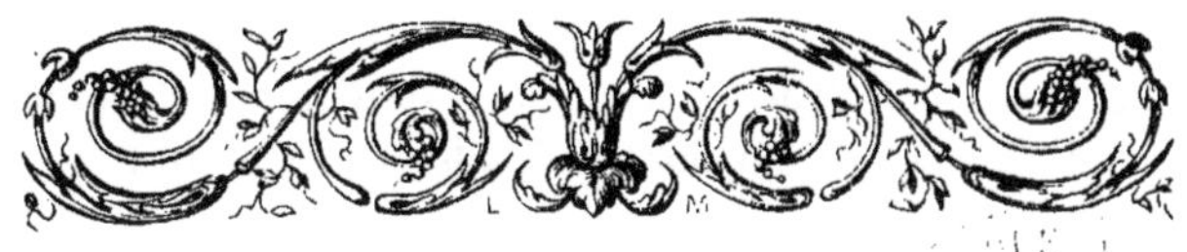

ALIX (P. M.)

1. BERTHIER (Le général), d'après Gros, 1798. In-fol.

> Très belle épreuve imprimée en couleurs. Marge.
> Cadre doré style empire.

2. BOSSUET (J. Bénigne), évêque de Meaux. In-fol.

> Très belle et rare épreuve, avant toutes lettres, imprimée
> en couleurs.

3. BONAPARTE, premier consul, médaillon ovale. In-fol.

> De trois quarts à droite, il est vu tête nue, revêtu de
> l'habit rouge brodé par les Dames de Lyon.
> Superbe et très rare épreuve, avant toutes lettres, impri-
> mée en couleurs.
> Cadre doré.

4. CUSTINE (Adam Ph.), général de l'armée du Rhin.
    In-4º.

> Très belle épreuve imprimée en couleurs. Grande marge,
> Cadre en bois doré.

5. FRANCKLIN (B.), d'après Vanloo. In-fol.

> Superbe et très rare épreuve imprimée en couleurs.
> Grande marge.
> Cadre doré.

6. LE TOURNEUR (Ch.), en costume de Directeur, coiffé d'un chapeau empanaché de plumes tricolores.

> Ce beau portrait a passé pour être, tour à tour, celui de Barras et de Treilhard.
> Superbe épreuve, imprimée en couleurs, sans aucune lettre ; marge. Excessivement rare.
> Cadre en bois doré.

7. MAILLARD (Mlle), du Théâtre des Arts, d'après Garneray. In-4°.

> Personnage qui, plus tard, figura à Notre-Dame la Déesse Raison.
> Très belle épreuve imprimée en couleurs.
> Cadre en bois doré.

8. NAPOLÉON (S. A. I. le Prince Eugène), vice-roi d'Italie. In-fol.

> Superbe et très fraîche épreuve imprimée en couleurs. Marge.
> Cadre doré.

9. SAINT-AUBIN (Mme de), du Théâtre de l'Opéra-Comique, d'après Garneray. In-4°.

> Dans une bordure ovale reposant sur un cartouche où est représentée la scène II d'Amboise.
> Très belle épreuve imprimée en couleurs.
> Cadre en bois doré.

10. VIALA (Joseph Agricola), d'après Sablet. In-4°.

> Médaillon ovale reposant sur un cartouche où est représentée la scène de sa mort.
> Superbe épreuve imprimée en couleurs ; elle est très fraîche et a une très grande marge.
> Cadre en bois doré.

11. VOLTAIRE (M. Arouet de), dans une bordure ovale reposant sur une tablette ornée de trois médail-

lons emblématiques ; gravé d'après Garneray. Petit
in-fol.

Très belle épreuve imprimée en couleurs.

12. CHALIER. — MICHEL LEPELLETIER. — J. P. MARAT.
Trois portraits in-fol. gravés d'après Garneray.

Très belles épreuves imprimées en couleurs.

ANONYME

13. Louis XVI, roi des Français, coiffé du bonnet phry-
gien ; petit médaillon rond in-18.

Très belle épreuve imprimée en couleurs. Très rare.
Cadre doré.

AUBRY (D'après E.)

14. Bazile et Luzy.
Bazile et Laurette.

Deux pièces, faisant pendants, gravées par Bonnet.
Très belles épreuves imprimées en couleurs.

BALÉCHOU (J. J.)

15. JULIENNE (J. de), directeur des Gobelins, tenant dans
ses mains le portrait de son ami WATTEAU, d'après
de Troy. In-fol.

Superbe épreuve, la marge couverte de salissures de
burin.

BANCE (A Paris chez)

16. Le Nid de Fauvette.
La Fuite à dessein.

Deux petites pièces, de forme ronde, pour dessus de
boîtes.
Très belles épreuves imprimées en couleurs. Toutes
marges.

BARTOLOZZI (F.)

17. Marie Christine, archiduchesse d'Autriche, duchesse de Saxe-Teschen, gouvernante générale des Pays-Bas, d'après le chevalier Roslin. In-fol.

> A mi-corps, en grand costume de cour, tenant un éventail à la main.
> Très belle épreuve tirée en bistre.
> Cadre en bois sculpté et doré.

18. Madame Gautherot, célèbre violoniste, d'après P. Violet. Petit in-8° ovale.

> Très belle épreuve avant la lettre, en couleurs.
> Cadre doré.

BAUDOUIN (D'après P. A.)

19. Le Matin. — Le Midi. — Le Soir. — La Nuit (E. B. 32, 33, 35 et 46).

> Suite de quatre pièces gravées par De Ghendt.
> Très belles et rares épreuves avant toutes lettres, les tablettes indiquées par un simple trait; les épreuves du Matin et du Soir sont couvertes.

20. Les mêmes estampes.

> Très belles épreuves avec la lettre; elles sont de la plus grande fraîcheur et ont leurs marges entières. Très rares en aussi belle condition.

21. Rose et Colas, par Simonet (42).

> Très belle épreuve; elle est très fraîche et a toute sa marge.

BERVIC (CH.-CL.)

22. Sénac de Meilhan (G.), publiciste, d'après S. Duplessis. In-fol.

> Superbe épreuve avant la lettre. Grande marge.

BOILLY (L.)

23. Les Époux heureux, lithographie originale du maître.

Très belle épreuve coloriée du temps. Grande marge.

BOILLY (D'après L.)

24. Le Cadeau.
Qu'elle est gentille.

Deux pièces, faisant pendants, gravées par Bonnefoy.
Superbes épreuves imprimées en couleurs. Sans marges.

25. L'Optique.
L'Amour couronné.

Deux grandes pièces, faisant pendants, gravées par Cazenave.
Belles épreuves. Doublées et sans marges.

26. Marche Incroyable, par Bonnefoy.

Très belle épreuve. Marge.

27. Première scène de voleurs.
Seconde scène de voleurs.

Deux pièces, faisant pendants, gravées par Gror.
Très belles et rares épreuves avant toutes lettres. Marges.

28. Les Femmes se battent.
Les Hommes se disputent.

Deux pièces, faisant pendants, gravées par Chaponnier.
Très belles épreuves imprimées en couleurs.

29. Grimaces. 10 pièces.

Très belles épreuves coloriées.

BOILLY ET C. VERNET (D'après)

3o. Les Incroyables.
Les Croyables au Péron.
La Folie du jour.
Point de convention.

> Quatre pièces, sur les Incroyables, gravées par Darcis et Tresca.
> Très belles épreuves.

BOREL (D'après A.)

31. Il a cueilli ma rose, par Vidal.

> Très belle épreuve imprimée en couleurs.
> Cadre doré, style Louis XVI.

BOSIO (D.)

32. Bal de l'Opéra.

> Très belle épreuve coloriée du temps, Grande marge.

BOUCHER (D'après F.)

33. Le Repos, par Bonnefoy.

> Très belle épreuve imprimée en couleurs.

BOUILLARD

34. Provence (Mᵐᵉ Jⁱⁿᵉ-Louise de Savoie, comtesse de). In-4°.

> Très belle et rare épreuve avant toutes lettres. Grande marge.

BOUNIEU (D'après)

35. Le revers de la Fortune, par Bonnet.

> Très belle épreuve, avant les noms des artistes, imprimée en couleurs. Sans marge.

CARDON (A.)

36. **Catalani** (Mme), d'après H. Villiers, 1807 : petit médaillon ovale, in-8°.

> Superbe épreuve en couleurs. Toute marge.
> Cadre en bois doré, style Louis XVI.

CHALLE (D'après M. A.)

37. Le Bouquet impromptu, par A. Legrand.

> Superbe épreuve, avant toutes lettres, imprimée en couleurs. Sans marge.

38. Le Matin, par Bonnet.

> Très belle épreuve imprimée en couleurs.

39. Le Panier renversé, par L. Buisson.

> Partie centrale de la composition.
> Superbe épreuve imprimée en couleurs.

CHAPUY (J. B.)

40. « Vue perspective du Champ de Mars, jour du Serment civique prononcé par la Nation française assemblée à Paris, le 14 Juillet 1790. » Gravé d'après Leroi.

> Très belle épreuve imprimée en couleurs.

41. Barrière des Champs-Élysées : Premier May donné à la Ville de Paris par l'Assemblée Nationale qui supprime tous les droits d'entrée aux barrières, 1791.

> Très belle épreuve, avant toutes lettres, imprimée en couleurs.

CHARDIN (D'après J. B. S.)

42. Dame prenant son thé, par Fillœul (E. B. 13).

> Très belle épreuve.

43. La Gouvernante, par Lepicié. 1739 (24).

> Superbe épreuve avant toutes lettres et avant quelques légers travaux. Excessivement rare.

COPLEY (D'après J. S.)

44. Cornwallis (*The Most Noble Charles, Marquis de*), Lieutenant général. Gouverneur de l'Irlande, Commandant des troupes anglaises en Amérique, lors de la reddition de York-Town. Gravé par R. Smith. In-fol.

> Magnifique épreuve imprimée en couleurs; elle est très fraîche et a de la marge. Excessivement rare de cette qualité.

COTES (D'après)

45. Pownall (Th.), Gouverneur de New-Jersey en 1757. Gravé à la manière noire par R. Earlom. In-fol.

> Superbe épreuve avant la lettre, la marge inférieure couverte de salissures de burin. Très rare.

COUTELLIER (F.)

46. Colombe l'aînée (Mlle) de la Comédie Italienne. In-4° ovale.

> Très belle épreuve imprimée en couleurs: elle est, comme tous les portraits de cette série, en épreuves du 1er état, découpée à l'ovale et reportée sur une monture bleue avec tablette blanche, sur laquelle l'encadrement et toutes les inscriptions sont gravées.
> Cadre en bois doré.

47. DUGAZON (Mme). reçue à la Comédie Italienne en 1776.
In-4° ovale.

> Magnifique épreuve, du premier état, imprimée en couleurs. Excessivement rare de cette qualité.
> Cadre en bois doré.

48. MÉNIER (Joseph) de la Comédie Italienne. In-4° ovale.

> Superbe épreuve, du premier état, imprimée en couleurs.
> Cadre en bois doré.

49. OLIVIER (Mlle) de la Comédie Française. dans le rôle
de Chérubin : médaillon in-4° ovale équarri.

> Très belle épreuve imprimée en couleurs.
> Cadre en bois doré.

CREPY (A Paris chez)

50. La Suivante commode.

> Très belle épreuve.

DAULLÉ (J.)

51. CAYLUS (Mme de Valois. Comtesse de). d'après H. Rigaud. In-fol.

> Très belle épreuve.

52. FAVART (Mme). dans le rôle de Bastienne. d'après
C. Vanloo. In-fol.

> Très belle épreuve. Très grande marge.

53. SAXE (Marie-Josèphe de). reine de Pologne, en pied
d'après L. de Silvestre. Grand. In-fol.

> Très belle épreuve. Toute marge.
> Cadre en bois doré.

DEBUCOURT (L.-P.)

54. La Fayette (M. le Mis de), commandant général de la Garde Nationale Parisienne, 1790 (M. F. 23). In-fol.

> En pied, tenant son chapeau à la main; dans le fond le défilé de la Garde Nationale.
> Très belle épreuve imprimée en couleurs.
> Cette estampe, qui est d'une extrême rareté, est la première gravure du maître à la manière noire.

55. Le Baiser à propos de bottes (311).

> Très belle épreuve en couleurs. Très grande marge.

DESCOURTIS (C.-M.)

56. Frédérique-Louise-Wilhelmine, princesse d'Orange. In-fol.

> Très gracieux portrait ovale, in-fol., gravé sous la direction d'Hentzi, d'après Tozelli.
> Superbe épreuve, avant toutes lettres, imprimée en couleurs, seulement les noms des artistes, tracés à la pointe, en dessous de l'ovale; elle est très fraîche et est tirée sur papier teinté gris. Grande marge.

57. Frédérique-Sophie-Wilhelmine, princesse d'Orange et de Nassau.

> Très beau portrait ovale, in-fol., gravé d'après Hentzi.
> Superbe épreuve, imprimée en couleurs, non seulement avant les noms du personnage, mais encore *avant ceux des artistes*, elle est tirée sur papier teinté brun et n'a que 0ᵐ,06 de marge autour de l'ovale. Excessivement rare.

DE TROY (D'après F.)

58. L'Amant sans gêne, par C.-N. Cochin.

> Superbe épreuve avant toutes lettres et avant quelques légers travaux. Excessivement rare.

ÉCOLE ANGLAISE

59. Petit portrait d'une jeune dame? médaillon, in-8°,
ovale, gravé au pointillé.

> Très belle épreuve, avant toutes lettres, imprimée en
> bistre.
> Cadre doré.

ÉCOLE FRANÇAISE

60. La Pesche.
Le Dénicheur de moineaux.
La Baigneuse.

> Trois pièces gravées d'après Boucher et Watteau.
> Très belles épreuves: la dernière est imprimée à la
> sanguine.

61. Lison dormait.
Nouvelle du bien aimé.

> Deux pièces gravées par Trière et Romanet d'après
> Freudeberg et Queverdo.
> Très belles épreuves. la dernière pièce est avant la dédi-
> cace. mais a été pliée et légèrement épidermée.

FRAGONARD (D'après H.)

62. La Fuite à dessein, par C. Macret et Couché, 1783.

> Très belle épreuve avant la lettre. Rare.

63. La Gimblette, par Bertony.

> Très belle épreuve.

FREUDEBERG (D'après S.)

64. Les Confidences, par C. L. Lingée, 1774.

> Superbe épreuve avant le numéro et avec la tablette
> blanche. Grande marge.

GAILLARD (C. F.)

65.   L'Homme à l'œillet, d'après Van Eyck.

> Superbe épreuve avant toutes lettres, seulement le nom de Gaillard tracé à la pointe, au milieu de la marge inférieure; sur chine.

GARBIZZA (D'après)

66.   Le Château des Thuileries (avec une revue passée dans la cour, par le premier consul) (2).
La Colonnade du Louvre (5).
La Place du Panthéon (7).
Le Pont d'Austerlitz (9).

> Quatre pièces gravées par Monsaldy et Coqueret.
> Très belles épreuves en couleurs.

GREUZE (D'après J. B.)

67.   L'Acordée de village, par Flipart.

> Superbe et rare épreuve avant toutes lettres, les armes à l'état d'eau-forte. Toute marge.

68.   La Paresseuse, par Moitte.

> Superbe épreuve avant la lettre. Marge.

HAVERTY (D'après J.)

69.   *His Majesty's (Georges the fourth) public entry into the City of Dublin, on the 17th august 1821.*
His Majesty's (Georges the fourth) embarkation at Kingstown on the 3rd september 1821.

> Deux intéressantes pièces historiques, faisant pendants, gravées par R. Hawel.
> Très belles épreuves très soigneusement coloriées.

HOPNER (D'après J.)

70. *Juvenile Retirement*, gravé à la manière noire, par J. Ward. In-fol.

> PORTRAITS DES ENFANTS DE L'HONORABLE JOHN DOUGLAS
>
> Magnifique épreuve, imprimée en couleurs, de cette superbe pièce, l'une des plus belles et des plus recherchées de l'École anglaise du xviiie siècle; elle est sans marges et a subi une légère restauration sur le côté gauche. De la plus grande rareté.

71. DAVIES (*Anna*), gravé par B. Smith. In-fol.

> Très belle épreuve sur chine.

72. DUNCOMBE (*Lady Charlotte*), par C. Wilkin. Petit in-fol.

> Très belle et rare épreuve lettres grises. Très grande marge.

73. ROUBIGNÉ (*Julia de*), gravé à la manière noire par J. Dean. In-fol.

> Très belle épreuve.

74. *Girl and Pigeons*, gravé à la manière noire par Kingsburg.

> Très belle épreuve, le titre en lettres ouvertes.

HUET (D'après J. B.)

75. La Belle cachette.
    La Belle toilette.

> Deux pièces, faisant pendants, gravées par Bonnet.
> Superbes épreuves imprimées en couleurs, elles ont leurs marges entières et sont de la plus grande fraîcheur. Rares de cette qualité.

76. La Jarretière, par Bonnet.

> Très belle épreuve imprimée en couleurs.

77. La Colère feinte. par Le Cœur.

> Jolie pièce, ovale, gravée en réduction de « l'Éventail cassé ».
> Très belle épreuve imprimée en couleurs.

78. Fillette debout après laquelle saute un chien, gravé par Demarteau (517).

> Très belle et rare épreuve tirée, à deux tons, sur papier teinté vert. Sans marge.

79. Le Souper, par Bonnet.

> Très belle épreuve imprimée en couleurs.

ISABEY (J. B.)

80. LEDIEU (Mᵐᵉ), lithographie originale du maître. In-4°.

> Très belle épreuve sur chine.

81. TESSIER DE MARGUERITTES (Mˡˡᵉ Noémie). plus tard Mᵐᵉ JOHN ARMITT, lithographie originale du maître. 1823.

> Très belle épreuve. Grande marge.

82. TALLEYRAND (Mᵐᵉ Grant. Mᵐᵉ), médaillon ovale gravé par Schmidt, 1831.

> Très belle épreuve en couleurs. Toute marge.

83. VERNET (Mᵐᵉ Horace), lithographie originale du maître, 1818.

> Très belle épreuve en couleurs. sur chine. Grande marge.

JACKSON (D'après J.)

84. Le Chapeau de velours. (Portrait de Mᵐᵉ ?) gravé à la manière noire par Maile.

> Très belle épreuve.

JANINET (F.)

85. **MARIE-ANTOINETTE D'AUTRICHE**, reine de France et de Navarre, 1777. In-fol.

> Un des plus jolis et des plus remarquables portraits de la Reine.
>
> Très belle épreuve imprimée en couleurs, elle est découpée et reportée sur un encadrement, non doré, qui l'agrandit. Rare de cette qualité.
>
> Cadre avec fronton en bois doré et sculpté, style Louis XVI.

86. **BERTIN (M**me**)**, marchande de modes de Marie-Antoinette. In-8° ovale.

> Très belle épreuve de l'un des chefs-d'œuvre de la gravure en couleurs; elle est sans marges et montée en dessin.
>
> Cadre avec fronton en bois doré et sculpté, style Louis XVI.

87. Mademoiselle Du T... (Duthé), d'après Lemoine. Petit in-fol.

> Assise devant sa table de toilette dont le miroir la reflète de profil, elle tient des roses de la main droite et une lettre de la main gauche.
>
> Très belle et très fraiche épreuve, imprimée en couleurs; elle est découpée à l'ovale et est reportée sur un encadrement équarri sur lequel sont gravés les noms des artistes, le titre et l'adresse.
>
> Cadre avec fronton en bois doré, style Louis XVI.

88. **COLOMBE L'AÎNÉE (M**lle**)** de la Comédie Italienne, d'après Lemoine. In-4°.

> Superbe et rare épreuve du 1er état imprimée en couleurs; elle est découpée à l'ovale et reportée sur une monture bleue où l'encadrement et toutes les inscriptions sont gravées.
>
> Cadre doré.

89. La même estampe.

> Très belle épreuve, du second état, imprimée en couleurs. Toute marge.
> Cadre en bois doré avec fronton, style Louis XVI.

90. FRANCKLIN (Benjamin), né à Boston le 17 janvier 1706, médaillon, ovale, in-fol.

> Superbe épreuve imprimée en couleurs; grande marge. Excessivement rare.
> Cadre en bois doré.

91. « JOSEPH, sourd et muet trouvé sur le chemin de Péronne en août 1773, réclamant les noms et qualités de comte de Solar, disparu de Toulouse en juillet 1773. » Gravé d'après Lemoine.

> Très belle épreuve imprimée en couleurs. Très grande marge.
> Cadre en bois doré.

92. SAINT HUBERTI (Mme de) de l'Académie royale de musique, d'après Lemoine. In-8°.

> Très belle épreuve imprimée en couleurs. Marge.
> Cadre avec fronton en bois doré, style Louis XVI.

93. Le Baiser de l'amour.
Le Baiser de l'amitié.

> Deux pièces, faisant pendants, gravées d'après Doublet et Fragonard.
> Très belles épreuves imprimées en couleurs.

94. Les Trois Grâces, d'après Pellegrini.

> Superbe épreuve, avant toutes lettres et avant la guirlande de fleurs, imprimée en couleurs; elle est très fraîche et a sa marge entière non ébarbée.

JANINET ET FRIESELHEM

95. HENRI IV. — SULLY. Deux portraits ovales, faisant pendants, gravés d'après Rubens et Porbus.

Très belles épreuves imprimées en couleurs.

JAZET

96. La Promenade du Jardin Turc, d'après J. J. de B'
(De Bez).

Très belle épreuve, en couleurs, d'une pièce intéressante comme costumes et scène de mœurs.

KAUFMANN (D'après A.)

97. *Dutchess of* DEVONSHIRE *and* Viscountess DUNCANNON, par W. Dikinson. In-fol.

Superbe et rare épreuve, imprimée en bistre, avec les noms des artistes gravés autour de l'ovale et ceux des personnages tracés à la pointe, sans aucune autre lettre. Grande marge.

98. *Venus attired by the Graces*, par F. Bartolozzi.

Très belle épreuve imprimée en bistre.

99. *The Sleeping Nymph*, par E. Burke et Chaillou.

Très belle épreuve imprimée en couleurs. Remargée à l'ovale.

LARMESSIN (N. DE)

100. LECKZINSKA (Marie), Reine de France, en buste, d'après Vanloo. In-fol.

Très belle épreuve.

LAWREINCE (D'après N.)

101.   L'Aveu difficile, par Janinet. 1787. (E. B. 8.)

Magnifique épreuve, imprimée en couleurs, avant toutes lettres, seulement le nom de *Janinet, 1787*, tracé à la pointe sous le trait carré, à droite, elle est d'une très grande fraîcheur et a une petite marge. Excessivement rare de cette qualité.

102.   Le Billet doux, par N. de Launay (10).

Très belle épreuve. Grande marge.

103.   La comparaison, par Janinet, 1786 (14). In-fol.

Magnifique épreuve imprimée en couleurs d'un tout premier état non décrit : avant toutes lettres et *avant le nom de F. Janinet tracé à la pointe, à droite, dans l'estampe sous les pieds du fauteuil;* elle est d'une très grande fraîcheur et a une petite marge. De la plus grande rareté.

104.   La même estampe.

Très belle épreuve imprimée en couleurs.

105.   Les Deux cages ou la plus heureuse, gravé à la manière noire par De Bréa (19).

Très belle épreuve en couleurs.

106.   Le Lever des ouvrières en modes, par J. B. Compagnie (36).

Très belle épreuve coloriée.

107.   Le Retour à la vertu, par... (52).

Même composition que celle que Le Villain a gravée sous le titre : *Le Repentir tardif.*
Très belle épreuve imprimée en couleurs; sans marge. Excessivement rare et non décrite.

LAWRENCE (D'après Sir Th.)

108. Bloxam (*Master Rowland*), gravé en fac-similé de dessin par Lewis. Petit in-fol.

> Très belle épreuve, la figure légèrement teintée de couleurs.

109. Bloxam (*Miss*), gravé en fac-similé de dessin par Lewis.

> Très belle et rare épreuve avant toutes lettres, la figure légèrement teintée de couleurs.

110. Devonshire (*Duchess de*), par S. Cousins. In-fol.

> Superbe épreuve avant toutes lettres, sur chine.

111. Fane (*The Lady Georgiana*) enfant, en pied ; gravé à la manière noire par C. Turner, 1828. In-fol.

> Très belle épreuve.

112. *Maternal affection*, gravé à la manière noire par S. Cousins.

> Portraits de la Comtesse Grey et de ses enfants.
> Très belle épreuve.

113. Gordon (*Lady Georgina*), par C. Lewis, médaillon ovale in-fol.

> Très belle épreuve. Toute marge.

114. Hamilton (Les Enfants du Duc de), gravé en fac-similé de dessin par Lewis. In-fol.

> Superbe et rare épreuve avant la lettre, les figures légèrement teintées de couleurs. Toute marge.

115. Lambton (*Master*), gravé à la manière noire par S. Cousins. In-fol.

> Très belle épreuve.

116. *A Study*, gravé en fac-similé de dessin par Lewis.
In-fol.

> Portrait de Mrs NEWDIGATE.
> Très belle épreuve sur chine, la figure légèrement
> teintée de couleurs. Toute marge.

117. THOMOND (*Marchioness of*). par W. Bond. In-4°.

> Très belle épreuve. Toute marge.

118. WYNN (*Master William*). gravé en fac-similé de
dessin. In-4°.

> Très belle épreuve sur chine, la figure légèrement
> teintée de couleurs.

119. *Wood-Maid*, par W. Bond. 1794.

> Très belle épreuve imprimée en couleurs: sans marge.
> Fort rare.

120. Portrait d'une Jeune femme vue de face. gravé en
fac-similé de dessin, par Lewis. In-fol.

> Superbe épreuve avant la lettre, la figure légèrement
> teintée de couleurs. Marge.

LE PEINTRE (D'après CH.)

121. MAYEUR (F. Marie) dans le rôle de Bagnolet, médaillon ovale in-4°, gravé par Ridé.

> Très belle épreuve imprimée en couleurs.
> Cadre doré.

LEVACHEZ

122. BONAPARTE, Premier consul de la République Française, d'après Boilly. In-fol.

> Dans une bordure ovale reposant sur un cartouche ou
> est représentée la Revue de Quintidi, par Duplessis Bertaux.
> Superbe épreuve imprimée en couleurs,
> Cadre doré.

123. NAPOLÉON Ier Empereur des Français. d'après C. Vernet. Très grand in-fol.

A cheval, suivi de son État-major, parmi lequel on remarque Murat et Berthier.

Superbe et excessivement rare épreuve imprimée en couleurs, les noms des artistes tracés à la pointe et les autres inscriptions en lettres de couleurs.

Cadre doré,

DE MACHY (D'après)

124. Vue des Tuileries du côté du château.
Vue des Tuileries du côté du Pont Tournant.

Deux très jolis petits médaillons ronds, faisant pendants, gravés par Descourtis.
Très belles épreuves imprimées en couleurs.

Vue du port Saint-Bernard.
Vue du quai Saint-Paul.

Deux grandes et belles pièces faisant pendants.
Très belles épreuves, imprimées en couleurs, du premier tirage : avant que les armes et la dédicace aient été enlevées.

MALLET (D'après J.-B.)

125. Par ici!... Chit Chit!...

Deux jolies petites pièces, faisant pendants, gravées par Copia.
Très belles épreuves coloriées.

MARILLIER (D'après P. CL.)

126. Les Désirs réciproques, par Mme Chévery.

Très belle et très rare épreuve avant toutes lettres. Grande marge.

MARIN (L. Bonnet)

127. *The Milk Woman.*
Provoking fidelity.

> Deux charmants médaillons, ovales, dans des encadrements rehaussés d'ors.
> Très belles épreuves imprimées en couleurs.
> Dans leurs anciennes bordures.

128. *The Woman taking coffee.*
The Nœsegay Girl.

> Deux très jolis médaillons. ovales, dans des encadrements rehaussés d'ors.
> Très belles épreuves imprimées en couleurs.
> Dans leurs anciennes bordures.

MARTINET

129. Récréation du philosophe.
> Très belle épreuve.

MARTINI (P. A.)

130. Exposition au Salon du Louvre en 1787.
> Très belle épreuve. Marge.

MONNET (D'après C.)

131. Les Baigneuses surprises, par G. Vidal.
> Très belle épreuve.

132. Salmacis et Hermaphrodite, par G. Vidal.
> Très belle épreuve avant la lettre.

MOREAU (J. M.)

133. La Borde (J. Bⁿ de), valet de chambre ordinaire du Roi, auteur des Chansons, d'après Denon. In-4°.
> Très belle épreuve. Marge.

MOREAU (D'après J. M.)

134. Exemple d'humanité donné par Mme la Dauphine le 16 octobre 1773, gravé par Godefroy.

> Très belle épreuve. Toute marge.

MOREAU (D'après L.)

135. Le Villageois entreprenant, par Germain.

> Très rare épreuve à l'état d'eau-forte.

MORLAND (D'après G.)

136. *A Boy employed in burning the woods* (Garçon mettant le feu aux mauvaises herbes).

> Grande et belle pièce, en largeur, gravée à la manière noire par W. Ward.
> Très belle épreuve imprimée en couleurs.
> Cadre ancien, bois doré.

137. *Breaking the ice*, gravé à la manière noire par J. R. Smith.

> Belle épreuve imprimée en couleurs. Remargée et épidermée.

138. *Gathering fruit.*
   The labourcur's luncheon.

> Deux jolies pièces, faisant pendants, gravées par Meadows et José.
> Superbes et très fraiches épreuves en couleurs.

139. *Inside of a Country alehouse.*

> Grande pièce en largeur gravée par W. Ward.
> Très belle épreuve imprimée en couleurs; la marge de droite et une partie de la supérieure sont rapportées.

140. *The Public-House door*, gravé à la manière noire par W. Ward.

> Belle épreuve imprimée en couleurs, quelques raccommodages dans la marge.

141.   *A Visit to the Boarding-School.*
A Visit to the Child at nurse.

Deux importantes et jolies pièces, faisant pendants, gravées à la manière noire par W. Ward, 1789.
Très belles épreuves.

MOUCHET (D'après F.)

142.   Les Chagrins de l'Enfance, par Le Cœur.

Très belle épreuve imprimée en couleurs; la marge
inférieure manque en partie, on n'aperçoit plus que le haut
des armoiries. Rare.

NATTIER (D'après J. M.)

143.   Le Feu, par J. Tardieu. In-fol.

Portrait de Mᵐᵉ Mⁱˢ HENRIETTE DE FRANCE.
Très belle épreuve. Très grande marge.

NORTHCOTE (D'après J.)

144.   *A Young Lady encouraging the low Comedian,* gravé
à la manière noire par W. Ward.

Très belle épreuve.

145.   BROWN (*Miss*), par T. Annis. In-fol.

Très belle et rare épreuve, avant toutes lettres, imprimée en bistre. Marge.

PETERS (D'après R. A.)

146.   *The fortune-Teller.*
The Gamester's.

Deux très belles pièces, faisant pendants, gravées à la
manière noire par W. Ward.
Très belles et rares épreuves imprimées en couleurs.

147. *The Gamester's.* gravé à la manière noire par
J. R. Smith.

> Très belle épreuve. Remargée et rognée dans la hauteur.

PETHER (W.)

148. BERNIN (Le Cavalier), gravé à la manière noire d'après
Le Brun. In-fol.

> Superbe épreuve avant la lettre, la marge supérieure
> couverte de salissures de burin. Rare.

PETIT (G. E.)

149. MARIE-THÉRÈSE D'AUTRICHE, Impératrice d'Allemagne,
en buste, d'après D. Meytens. In-fol.

> Très belle épreuve. Très grande marge.

RAMBERG (D'après H.)

150. AUGUSTA (*The Royal Highness the Princess*).
ELISABETH (*The Royal Highness the Princess*).

> Deux jolis médaillons ovales petit in-fol., faisant pen-
> dants, gravés par W. Ward.
> Très belles épreuves imprimées en bistre.

151. AMELIA (*The Royal Highness the Princess*).
SOPHIA (*The Royal Highness the Princess*).

> Deux médaillons ovales, petit in-fol., gravés par
> W. Ward et Ogborne.
> Très belles épreuves tirées en bistre.

REYNOLDS (D'après Sir Joshua)

152. *The affectionate Brothers,* par F. Bartolozzi. Petit
in-fol.

> PORTRAITS DES TROIS FILS DE SIR PENISTON LAMBE,
> VICOMTE MELBOURNE.

4

Magnifique et très fraîche épreuve imprimée en couleurs ; marges. Excessivement rare de cette qualité.

153. Bingham (*Miss*), par Bonnefoy?

Très belle épreuve avant toutes lettres, en couleurs.

154. Carnac (*Mrs*) en pied, gravé à la manière noire par J. R. Smith. Grand in-fol.

UN DES PLUS BEAUX ET DES PLUS RARES PORTRAITS DU MAITRE.

Très belle épreuve.

155. Cadogan (*Lady*), gravé à la manière noire par J. Dean. In-fol.

Très belle épreuve.

156. Clinton (*Lady Catherine Pelham*), en pied, enfant donnant à manger à des poules, gravé à la manière noire par J. R. Smith.

Belle épreuve.

157. Edgcumbe (*The Hon*ble *Richard*), enfant, gravé à la manière noire par W. Dickinson. In-fol.

Très belle épreuve.

158. Horneck (*Miss*), assise, en costume oriental, gravé à la manière noire par Dunkarton.

Très belle épreuve.

159. Keppel (*Lady* Elisabeth), en pied, gravé à la manière noire par Fisher. Grand in-fol.

Très belle et rare épreuve tirée avant que les inscriptions aient été effacées et regravées.

160. Monckton (*The Hon*ble *Miss*) en pied, gravé à la manière noire par J. Jacobé. Grand in-fol.

Superbe et très rare épreuve d'un état non décrit, intermédiaire entre le premier et le second : avec les inscriptions gravées, mais avant que l'adresse de J^h Jacobe et Mrs Stedges, 1779, ait été remplacée par celle de Boydell, 1781. Remargée de trois côtés.

161. WINTER. gravé par S. Cousins. In-fol.

Portrait de Miss GERTRUDE FRITZ-PATRICK, enfant.
Très belle épreuve avant toutes lettres, sur chine et signée du graveur.

162. Portrait d'une fillette, vue de face, en buste, les bras croisés s'appuyant sur une table; médaillon ovale gravé par Bause.

Très belle et rare épreuve avant toutes lettres.

ROMNEY (D'après G.)

163. *Nature*, gravé à la manière noire par J.-R. Smith.

Un des plus charmants et des plus rares portraits de LADY HAMILTON.
Très belle épreuve. Sans marges.

RUOTTE

164. MARIE-ANTOINETTE d'Autriche vue de profil en Laitière, d'après Césarine F, médaillon ovale in-4°.

Superbe et rare épreuve, lettres grises, imprimée en couleurs. Très grande marge.
Cadre en bois doré avec fronton, style Louis XVI.

165. LAMBALLE (L^e de Savoie-Carignan, Princesse de), vue de profil, d'après Danloux, 1791, médaillon ovale in-4°.

Superbe et rare épreuve, lettres grises, imprimée en couleurs. Très grande marge.
Cadre avec fronton en bois doré, style Louis XVI.

166. GONTHIER (Mme), dans le rôle de Perette de *Fanfan et Colas*, d'après Lemoine. Petit in-fol.

Très belle épreuve imprimée en couleurs.
Cadre en bois doré.

RUSSELL (D'après J.)

167.   Mrs *Scott Waring and Children* en pied, gravé à la manière noire, par C. Turner. In-fol.

> Bonne épreuve. Marge.

SAINT-AUBIN (Par et d'après A. DE)

168.   Au moins soyez discret — Comptez sur mes serments. Deux charmantes pièces faisant pendants (E. B. 406-407).

> PORTRAITS DE M. ET Mme A. DE SAINT-AUBIN.
>
> Très belles et rares épreuves avec la première adresse, celle de l'auteur qui, par la suite, fut changée deux fois.

169.   *The First come best served* (Le Premier est le mieux servi), gravé par Sergent (404).

> Très belle épreuve imprimée en couleurs. Rare.

170.   Jupiter et Léda, d'après P. Veronèse (563).

> Très belle épreuve avant la dédicace et avant la suppression de la bordure. Toute marge.

SCHIAVONETTI

171.   P_{AUL} Ier, Empereur de Russie, d'après Valderwerks. In-4°.

> Très belle épreuve imprimée en couleurs. Marge.
> Cadre en bois doré.

SCHMIDT (G. F.)

172.   É_{LISABETH}, Impératrice de Russie, en pied, d'après L. Tocqué. Grand in-fol.

> Très belle épreuve, une grande déchirure et quelques cassures.
> Cadre doré.

173. Grapendorff (L.ᵉ Albertine de Brandt, baronne de).
d'après B. N. Le Sueur. In-fol.

> Superbe épreuve avant les noms des artistes.

SERGENT (A. F.)

174. J. J. Laurent. Négociant. In-4°.

> Superbe épreuve, imprimée en couleurs, avant toutes
> lettres autres que les noms du personnage inscrits sur la
> bordure. Très rare de cette qualité.
> Cadre en bois doré.

175. « Marceau, soldat à XVI ans, général à XXIII, mort à
XXVII. » In-fol.

> Représenté en pied en costume de colonel des Hussards.
> Superbe épreuve imprimée en couleurs, avec toutes les
> inscriptions autres que le nom du personnage tracées en
> lettres grises; très grande marge. Excessivement rare de
> cette qualité.
> Cadre en bois doré, style Louis XVI.

176. Marie Thérèse-Charlotte de France, fille du roi
Louis XVI. In-4°.

> Portrait publié à l'occasion du passage de cette Prin-
> cesse à Basle, le 26 décembre 1795.
> Très belle épreuve imprimée en couleurs.
> Cadre en bois doré, style Louis XVI.

177. La même estampe.

> Belle épreuve imprimée en couleurs.

178. Necker (M.ʳ de). d'après Duplessis. In-4°.

> Très belle épreuve imprimée en couleurs.
> Cadre en bois doré.

179. Il est trop tard...

> Très belle épreuve imprimée en couleurs.

SIMONEAU (D'après)

18o.   Il n'est plus temps. par Benossi.

>   Très belle et rare épreuve imprimée en couleurs.
>   Remargée.

SINGLETON (D'après H.)

181.   *The husbanman's refreshment.* par A. Cardon.

>   Très belle épreuve imprimée en couleurs, une déchi-
>   rure habilement réparée.

182.   *The Orange Girl.*
       The Nosegay Girl.

>   Deux pièces, faisant pendants, gravées par W. Nuter.
>   Très belles épreuves.

183.   *The Village Ghost,* gravé à la manière noire par
       R. Laurie.

>   Très belle et très fraîche épreuve ayant une grande
>   marge.

SMITH (D'après J. R.)

184.   *Though of matrimony,* par W. Ward.

>   Charmant médaillon ovale, petit in-fol.
>   Superbe épreuve imprimée en couleurs. Sans marge.

J. R. SMITH ET J. WATSON

185.   *Les deux amis or the two Friends.*
       The Confidants or the Billet doux.

>   Deux très jolies petites pièces gravées à la manière
>   noire, faisant pendants; la dernière est d'après E. Martin.
>   Très belles épreuves, la marge de la dernière pièce est
>   abîmée.

STOTHARDT ET WESTALL (D'après)

186. *Mary queen of Scots receiving from Lord Buckhurst & Beale the sentence of death.*
Cardinal Ximenes answering the Grandies of Spain.

> Deux grandes pièces, en largeur, gravées par Ward et Edwards.
> Très belles épreuves imprimées en couleurs.

SURUGUE (L.)

187. Silvia (Jeanne Benozzi, dite), actrice de la Comédie Italienne, d'après De La Tour. In-fol.

> Très belle épreuve. Grande marge.

TASSAERT

188. Corday d'Armans (M⁞ Ane Charlotte), d'après Hauer. Petit in-fol.

> Debout, tenant un poignard à la main ; dans la marge inférieure, un petit médaillon où elle est représentée frappant Marat.
> Très belle épreuve avec la tablette blanche.

VENDRAMINI

189. Decamp (*Miss*), d'après P. Jean. In-4°.
> Très belle épreuve imprimée en couleurs.

VERNET (D'après C.)

190. Le Marchand de chevaux. — Intérieur d'écurie.
> Deux pièces, faisant pendants, gravées par Coquerel.
> Très belles épreuves.

WARD (D'après J.)

191. *The Citizen's retreat.*

> Très belle et grande pièce, en largeur, gravée par
> W. Ward.
> Très belle épreuve imprimée en couleurs. Rare de cette
> qualité.

192. *Hay makers.*

> Très jolie et grande pièce, en largeur, gravée à la
> manière noire par W. Ward.
> Très belle épreuve imprimée en couleurs.
> Cadre ancien, bois doré.

WARD (Par et d'après W.)

193. *Hésitation.*

> Très gracieux médaillon, ovale, petit in-fol.
> Très belle épreuve en couleurs. Sans marges.

WHEATLEY (D'après R. A.)

194. *Two bunches a penny primeroses. two bunch a penny.*
       A un sou mes deux poignées de primeroses. à un
       sou. Gravé par L. Schiavonetti.

195. *Sweet china oranges. sweet china.* Oranges sucrées,
       oranges fines. Gravé par L. Schiavonetti.

196. *Do you want any matches?* Marchande d'allumettes,
       achetez mes bonnes allumettes. Gravé par
       A. Cardon.

197. *New mackrel, New mackrel.* Maquereaux frais et
       beaux. Gravé par N. Schiavonetti.

198. *Fresh gathered peas young hastings.* Pois ramés, pois
       nouveaux écorcés. Gravé par G. Vendramini.

199. *Strawberry scarlet, Strawberrys.* Fraises, mes belles fraises. Gravé par Vendramini.

> Les six pièces précédentes. N° 194 à 199 du catalogue font partie de la suite des cris de Londres, elles portent les numéros 1. 3, 4, 5, 7 et 9. Les épreuves imprimées en couleurs sont superbes et très fraîches; elles sont excessivement rares de cette qualité.

200. *The school door.*
The cottage door.

> Deux jolies pièces, faisant pendants, gravées par G. Keating.
> Superbes épreuves, imprimées en couleurs, d'une très grande fraîcheur. Très rares de cette qualité.

WILLE FILS (D'après)

201. Le Patriotisme Français.
La double récompense du mérite.

> Deux très grandes pièces, faisant pendants, gravées par Avril.
> Très belles épreuves.
> Cadres dorés, style Louis XVI.

IMPRIMÉ

PAR

PHILIPPE RENOUARD

19, rue des Saints-Pères

PARIS

9 782329 587165